Jeg vil elske dig tirsdag

Anna T. Huynh

Jeg vil elske dig tirsdag

Digtsamling

Jeg vil elske dig tirsdag

© 2024 af Anna T. Huynh

1. udgave, 1. oplag, 2024

Redaktør: Amalie Damm

Tak til Magnus Mohr Schlamovitz, Soha Michlawi
og Camilla Aaby Sonne

Forlag: BoD · Books on Demand GmbH, In de Tarpen 42,

22848 Norderstedt, Tyskland

Tryk: Libri Plureos GmbH, Friedensallee 273, 22763 Hamborg,

Tyskland

ISBN: 978-87-4305-813-7

Tak til alle, der har støttet mig og været en del af processen.

Jeg er inspireret af verden omkring mig og har været igennem følelseskammerets mange facetter. Tak til dem, som har rørt mit hjerte og fået mig til at føle, hvad ethvert menneske har følt, men ikke har ord for. Dette er vores kærlighedsbog.

Lad os begynde med din forelskelse.

Et kalenderår

Du giver mig al din opmærksomhed i januar

som om du har brug for mig

En ægte gentleman i februar

som den første lune dag efter vinteren

Jeg falder for dig i marts

Du deler din barndom i april

I maj begynder du at blomstre som træerne langs Gammel
Kongevej

Du elsker mig i juni

I juli suser du som trøsten mod nord

og jeg opbygger et savn

Du er glemt i august

Sommeren og syren synker ned i mig

til syden

Du er enhver piges brandmandsdrøm i september

Slukkede for varmen og tyngdekraften i oktober

Novembers løvfald tvinger dig til et comeback

Jeg har glemt, hvem du er

Du er ikke den eneste, jeg har glemt

En dag fortjener jeg mere

et hjem jeg kan vokse i

December er et lærred

en ny begyndelse

Jeg vil elske dig tirsdag

Jeg vil elske dig tirsdag

Onsdag er jeg blomstrende og ambitiøs

Torsdag bygger jeg på mig selv

Fredag synger jeg neonlyset frem

Lørdag er jeg frygtløs og bader i eufori

Søndag er jeg monoton

Mandag er jeg for rastløs til at registrere andre

Jeg vil elske dig tirsdag

Vil du elske mig resten af ugen?

Sommeren står op klokken fem

svalerne følger trop

Under midsommeren på den sydlige halvkugle

står solen lige over stenbukkens vendekreds

Rid med hornene til Atlantis

her forbliver suveræniteten

Er du lyskilden

stella nova

Du elsker mig nemt, som du planlægger dine dagtimer

Vil du elske mig så højt, som solen elsker månen?

Og en dag mere

Brødristeren klikker hjertebrød op
Serverer morgenmad med for meget smør på sengen
Din krop er et landskab

Min yndlingscafé er blevet din
Mærker regnen falde som dine kærtegn
Forestiller mig dit efternavn færdiggøre mit navn

Hvor mange kilometer er der til kærligheden
Kysser dig og efterlader mig der for altid
en valutareserve

Jeg er en blomst, du vander med omsorg
Vil elske dig til uendeligheden
og en dag mere

Jeg har aldrig været smukkere
end som forelsket i dig

Co-writer

Hun elskede vandet og svømmede længere ud
druknede i salt
på den rigtige måde
hun morede sig som et barn
der blev jeg forelsket

Solnedgangen var orange, rosa og violet
hendes hår kildede mit ansigt
med dagdrømmende øjne mærkede jeg hendes latter
vores ben løb væk
vær co-writer i mit liv

Hvirvler af mosaik og blomsterkæder brødfødte os
jeg fortalte dig mine hemmeligheder, og du delte dine fejl

Musik i Lejet

Klokken var 4:30, da han fik den sidste ledige plads.

Solstrejf fanger hans profil, akkurat nok til at tænde gnister i hans krøller og blødgøre skyggen i hans øjne.

Eksotisk hav, fugtigt mos og regnskov – idet jeg træder ind i hans iris.

Mellem os flyder ord uden lyd, som om hvert blik trækker mig længere ind. Falder.

"Lad være med at kigge sådan på mig," stammer han, som om jeg river lagene af ham.

Ved han, at jeg graver ind i hans sjæl, afklæder ham og efterlader en markering forklædt som et ar?

Hans blik dominerer mig. En del af mig håber, han vil se sådan på mig igen, som dette første møde.

Det må være sådan, blå føles – varmt og dybt med et hjørne af uendelighed og ukendelighed.

Bliver du melankolsk som mig

ved de lange aftenture

til festival, de lyse dage

med dem du elsker, og vi forbliver i momentet

festival blues

cykle om natten

retur fra en tur - trillende tårer

en duft der ramler i nostalgi

deja vu

stargazing med dine tanker

grine i støvregnen

se solnedgangen med dem du elsker

være oppe i luften og se byen lyse op

der har du hjemme

mærke en elskende følelse - et nyt venskab

kigge over vandet og lukke i

når du mister nogen

tiden stopper

lykken i dine vener

at føle sig hel

og lykkelig

ved at være her

Hollywood noir/Lykkelige, ulykkelige

Motellet er kun for os

Skjult bag motorvej og grantræer

Tykt sandlag udgør intimitet

Du giver mig en ekstra måned af august

Bestiller fuglene til sang

Mælkevejen forandrer sig

Smelter en isterning ned ad mit kraveben

Spæner ud i kosmos

Svinger mig rundt som Saturns ringe

Suser på landevejen med armene om dig

Mærker friheden i årene

Natten er vores hjem

Blues

Dybe blå øjne

som

universelle

blå mærker

på min hals

∞

DJ'en sætter os i en døgnforelskelse

begge cirkulære – tilsammen et uendelighedstegn

Spil den tone, du elsker

Venus' skjulested er din frelse

Tågen fæstnes

sjælene svæver for højt til at nå

Vi trækker i hinandens indre, selvom der er hult

søger én at elske højt, som ikke allerede er fortabt

fanget i et menageri

Vi er som vinden og vandet, i symbiose, i bevægelse

Det er svært at elske en, der stadig løber

Du placerede mig som løberen

En misere

Du er trofast, og jeg over alle bjerge

Du faldt for mig og nåede ikke med

Jeg kiggede tilbage og så ingen

Tog stjernerne fra mine øjne

arrangerede dem på en mørklagt sti

så du kan finde hjem

Svigermors drøm

Jeg er svigermors drøm

elskelig

Forfærdelig til at elske

mit jeg

Vil smage hvordan det føles

overvinde afhængigheden

Lammet af anæstesi

opstod som en meteor

Tryk play, lad det udspille sig på 70 tommer

Elsk mig så højt, som du lovede

Engang var du en fremmed

nu er du min fremtid

Vent, vi tager hjem

Jeg sover 05-11

Synger morgensangen ind 11-12

Drikker kaffe 12

Holder ud 13-17

Lever hedonistisk 18-20

Danser 21-00

Farer vild i verden 00-02

Filosoferer over utopien 04-05

timerne imellem er jeg væk

Fem sanser

Smag druebærrets saft

lad bordeauxdråberne holde pitstop i din mundvig

Kig ind i øjnenes afspejling og hvisk til dit spejlbillede

Lyt, når min finger betvinger vinglassets symfoni af facetter

Mærk mønstrene på min krop og slottets facade bag mig

Duft mig helt ind til orgasmens rus

Siger aldrig godnat

Jeg danser i køkkenet iført din T-shirt

brygger på morgenmaden, mens dit hoved hviler på min nakke

Hvide roser gror op og omkranser dørtærsklen

Æggene er friske fra gården

Du smækker balkondørene op for at hilse verden godmorgen

Vinden bærer din silhuet mod øst

Dit smil skænker æggene en rolig død

Du lærte mig at elske, som når du kigger ud over en horisont og finder indre ro

Siger aldrig godnat

så er dagen omme

Jeg vil tæt på himlen

forsvinde ind i Narnia

Du lukkede skabet og fortællingen blev til sorg

Ingredienserne til et eventyr

Kan du også lide at få isninger?

Er din favorit stracciatella, eller er du basic vanilla

Er du vokset op med regnbueis eller juicy sorbet

Er du til det standard, eller kan du bedst lide at blive kvalt

192 cm

Før du går

står døren på klem

så kærligheden kan komme igen

Ingen andre må kende dig som mig

De vil falde for dig

Jeg vil ikke dele

Tænker på hvem der er flyttet ind

Ved de, hvordan der blev elsket og grinet bag de orange mure

Hvor ofte jeg har kravlet på dine 192 cm

Har nogen lært dig at spise salat?

Og hvad er det sidste, du tænker på

når du lukker øjnene i?

Alle eventyr har brug for en klassisk, gammeldags skurk

uheldigt for mig, at det blev dig

Sorg som en østers

Vores sidste morgen på en koksgrå dag
søvnløs
du vred voldsomt i dit jeg
kunne se kanterne af din krop

Med ét så du loftet og hvide blodlegemer
I samme sekund lukkede jeg mine øjne
mit åndedræt stoppede
gåsehud
kunne sanse dig komme ind i min radius

Du lagde forsigtigt fem fingre på min arm
kunne mærke strukturerne på dine fingres riller
kurver og fordybninger af slid
afsætte små kunstværker på mit lærred

Mødte dit søvnige smil

bevægede fingrene langs min arm

og

viskede dine aftryk ud

Du var forsigtig, men du var der

Vi spiste med udsigt over Skagen

Jeg madede dig med østers og muslinger

du var åben og lukket som dem

Jeg ville ønske, at min sorg var smuk som østers

at den lavede perler i stedet for smerter

Du tager mig tættere på himlen

men jeg brænder mig på solen

11:11

Klokken 11:11 ønskede jeg, at vi skulle være sammen for altid

Den 11. afsluttede vi det

Præcis fem måneder efter den 11. vi mødtes

Vores fem fingre tilslutter sig hinanden som 1111111111

Når vi ligger, er vi 11

Når jeg græder, kommer der 11

Vi er måske bedst 1 og 1

Læg 1 horisontalt med 1, og du får plus

Sådan bliver vi til os 2

Du ligner mit næste fald

Sammen klarede vi tømmermændene

trak mig ind til dig

tørsten efter vand erstattes med et kys

du flettede mit fugtige hår fri

fra halskæden med muslingen

Efterlod din kropsvarme i sengen

jeg savnede dig, før du var gået

alt du var gjorde mig sårbar

de tider du så igennem mig

når vi lå under hinanden

Dobbeltmoralsk som en digter

hængende i limbo

Det, vi gør i verden, er at benægte

jeg kan tegne det for dig

lod dæmpningen briste

du gav slip for os

Vi var gode sammen

nu er vi gode

hver for sig

Den dyreste forsikring

at forsikre sit hjerte

Mentale post-it's

Jeg var vild

hovedløs

Jeg så stjernerne drive energi

har ledt efter mit kald

Jeg er drevet af mentale post-it's

der står det, jeg vil være

Jeg var god til at elske

indtil du forsvandt

Har ondt af de næste

hvad mere kan man gøre for dig

Jeg har dig stadig på

mens du bærer en anden

Jeg brænder dig mellem skyggerne

fejer asken væk

Jeg sænker altid mit anker

et sted som drukner mig

Jeg vil hellere lade dig ødelægge mig

end at elske en anden

Blomst på dit håndled

Rosenkrans

       ritualer i nedre regioner

Blind som amor

       røg på tagterrassen

Oxygen i rummet

       kvæler dine lunger

Sprit til hænderne

       sprit til organerne

Hård som beton

       blød fuldførelse

En blomst på dit håndled

Eksploderende molekyler

Mine knogler er af glas

min styrke er utilregnelig

min hud er glanspapir

Mit blod er giftigt

det mærkes

hver gang du dolker mit hjerte

det har jeg tilladt

Hver gang du rørte ved mig

sitrede det

Jeg er nu i tvivl om

det var min skrøbelighed

eller

tanken om at de hænder også rørte en anden

Du tager

altid vejret

med dig

når du

forlader mig

Hver anden sætning

Jeg vil skrige skyerne ned fra ozonen

Rive billederne i fragmenter

Kaste alting ned i tågen

Lade det regne med konfetti

Vaske dine spor fra sindet

Ophæve alle vores bånd

Tørre mig i skumringens lyde

Lade intet binde sig igen

Hive dig rundt i manegen

Du er ikke glemt

Jeg er ikke til udstilling længere

Du brænder hver anden dag

Mødestedet

Vores mødested var

klokken tre om natten

Savner et sted, der ikke eksisterer

Bæredygtighed

Et hjerte koster fem millioner

gav mit uden omkostninger

2-0 til dig

du kunne gensælge eller genbruge

men du smed det ud

ikke engang i kompost

Hader begyndelser med endelser

Hæld honning på min ryg

saml det i krukken med saltvand

Rosenstilkene glider, ridser muren

Min krop har sat sig fast

Kan jeg købe din vandrende sjæl?

Min egen er fortabt i rosenhaven

Hvorfor sagde du hej

Jeg hader begyndelser med endelser

Jeg lægger en rose til jer, der kan relatere

Henslængte pigehjerter

hans navn er skrevet på deres lagner

Han tror, græsset er grønnere på den anden side

jeg er ikke høj nok til at se det

Det er nemt at digte

en syndflod af kvælertag

København digter kun om sørgelige ting

ingen gider at høre om din lykke

Tronen af ødeland

Konstituerer en anden dimension

forsvinder ind i dig

smelter og formes til ét

Det er alle lande, vi kommer til

Grænseland

Hjerteland

Jeg er en ødeland

Måneland

Månedrab

og jeg vil tage dig med mig

én gang for blodmånens skyld

Sig ikke, jeg blot er en sæson

Jeg er hele tronen

Valfartende ind i stormen

som var jeg din akilleshæl

Æbletræer gror langs Nilens jord

et bid af slangens æble

Du forsvandt ikke

I begivenhedshorisonten var du der altid og aldrig

det sorte hul suger alt

lyset rundt er min glorie i klemme

Hvis du søger galaksen

må du finde vej herhen

leder du efter en anden

må du slette dine spor

Bølgebevægelser

Mit liv er ikke mit

som bølger følger jeg en retning

Brisen blæser mig til B

Falder for solnedgange og lyserøde skyer

går mellem mennesker og bygninger

finder sidespor

Livet skal ikke være vandret

tilværelsen er intens

bølget som lysets spektrum

Jeg er midt ude i Atlanten

intet nærmer sig min horisont

Mentalt på dybt vand

indstiller arbejdskraften i mine ben

og lader tyngdekraften hive mig ned

Jeg fandt først ud af

hvor giftig du var

da jeg fik frisk luft

Månen var utro

Det var en nat, hvor månen var utro

i sit perigæum

Pustede til flammen mellem os

vores relation har altid været brændbar

Aftenen, hvor vi dansede tæt

Han sagde

jeg beundrer dig

Fortalte om vores liv som ikke var helt

Hans pludselige fravær var tydeligt gennem mørket

en forhindring, en person, et kys

konfidentielt

stimulerende

Det var forkert

Jeg undskylder

mange gange til dig

Jeg undskylder

men jeg kan ikke undskylde for noget, jeg vil gøre igen

Vi hilser på hinanden
som om vi ingen fortid havde

Mod bunden

Der er noget ved mørket

magtfuldt

behageligt

Ingen kan se dig græde

Ingen kan se dit træk

køre ind mod det urimelige

Ingen kan se dig bakke

bakke mod promenaden

Ingen kan se dig ligge der

åndeløse, indtørrede lunger

og ramme bunden

Dit hjerte på et sølvfad

Venter på at du serverer dit hjerte

Jeg passer på det

indtil jeg kører det over med 130 km/t

Jeg føler mig i live

Når du fortæller, at du elsker mig
men elsker mig forkert

Når jeg er i smerter
udenpå og indvendig

Når livet endelig byder på glæde
solsikker og latter

Når du forlader mig
druknet i et syretrip

Når du siger vi ses og aldrig kommer tilbage

Den her går ud til dem, jeg har datet i København

Din mund siger ingenting

leder efter en femte årstid

Ringer til mig midnat

for at spørge om vej

Det, jeg savner mest, vil aldrig ske igen

Elsker dig af hele mit hjerte

men du må ikke elske mig

midt på natten genforenes vi

Knuser dit hjerte ømt i min hånd

for jeg knuselsker

og kærligheden siver ud

derfor er du ikke i stand til at elske

Du var aldrig helt min

vi søgte ly hos andre

Småting minder om dig

steder jeg ikke kan betræde

berøringen på mit kraveben

blikke der pauser et timeglas

Du har ikke længere patent på kælenavne

som måneden er månens

Det reb, jeg prøver at kravle op ad

vikler sig om min hals

Et tomrum

Vi må have siddet tæt

Der er nu koldt ved min venstre side

        et tomrum

        mere plads til mig

        bekvemt men ensomt

        som det fromme æble på toppen

        saftigt

        ingen kan nå det

        når det falder, er der ingen til at gribe

        nedbrydes med bladene og petrichor

kom tilbage

varm dig ved min side

jeg kan samle mig sammen

gøre mere plads til dig

Måske var det meningen

at jeg var ingenting i en periode

så jeg kunne blive alting

Du er den sang, jeg skrev, da du gik

Jeg var ikke klar til at løbe ind i dig

er ikke født til at være en birolle

Det sværeste er at give slip

ønsk, inden du puster, og jeg fordufter

Tager det med mig

min profeti går til dig

Jeg var ikke bange for at flyve

men bange for at styrte

Mit hjerte i erosion

hvor er brugsanvisningen

Kærlighad

En heliumballon, der søger fodfæste
Åben og kærlig, stærk nok til at blive såret
kun lige nok

Hader og elsker at føle
Hjernen og hjertet diskuterer

Skæbnen tegnede et billede af noget som ikke eksisterede
velbevandret i ambivalens
har et es i mit ærme

Farveblind
de røde flag var grønne
Se gennem min transparente top
Vær ærlig selv om, at du ikke er ærlig

Vi er bare mennesker
Kontinuum limet med tiltro

Jeg vil elske dig resten af mit liv

og du vil ikke være her til at mærke det

"For dig vil jeg altid vente"

Du skal huske, at hun vil vente

vil give hende alt, for hun fortjener hele verden

Han så sjæl og kærlighed

Hun jagtede kul og papir

citerede Kierkegaard og Brøgger, mens de sejlede i kanalen

Hun holdt ham ung

som armene på en gudinde

Han måtte ikke forlade hende

men hun var ikke klar

Du må ikke forelske dig i en ny

Hun kommer tilbage til dig

Han brænder mellem hendes fingre

Min egen

Årstiden skifter farver i os

Lyset ændrer atomer

Fantasien er det eneste, som kun er vores eget

Kræfterne til at få verden til at stå stille

Nyde øjeblikket med dig

Jeg behøver ikke at være din eneste ene

Fald i mine nøddebrune øjne

Solen sidder på vandet

Jeg sejlede væk fra dig

men jorden er rund

havet tog mig tilbage

Hjertearytmi

Dette er under- og efterarbejdet af ulykkelig kærlighed

Hele kroppen er på overarbejde

Hjertets elektriske impulser bliver forstyrrede

Lungerne stopper

Ilten bliver ikke optaget

Smerter i sulen.   Et hul.

Bag panden er hjernen i gang med pisken

Den gør hele situationen værre

Rytmen i kroppen bliver triviel

Skelettet synker sammen

Kraftløst

Kom og find dig selv

Loppemarked af legemer og organer

Det skal sammensættes

få gang i elektriciteten

en hjertestarter

en genopstandelse

Tomhed

Du kan gøre mit hjerte

til dit hjem

Koden er tomhed

Nebula

Når jeg forlader dig for måneskinnet

fuld og farverig maler jeg byen

flygter fra pres og disciplin

mærk det i atmosfæren

en ung pige forelskede sig i verden

jagter grønnere græs og spotlight

vi kan køre hurtigere

jeg er her for at imponere

funklende diamant i lysets hastighed

altid i sigte

forgyldt

Er du på udkig efter en at elske

eller elsker du at blive kigget på?

Skrøbelige ting

Forestil dig, at du er bevaret i en kasse

med [forsigtig]-mærkater

Du kommer berørt gennem rejsen

i stykker indeni, men stadig hel

Når andre åbner ser de skrammer

Du slap billigt

Andre kan være i flere dele

itu.

Var du ikke pakket grundigt ind?

eller har de ansvarlige ikke behandlet dig ordentligt?

For hver skramme er der en historie

humoristisk eller trist

Kassen kan også sendes retur

Men dig som fikser det som kintsugi

beholder det

elsker det

du er grunden til, at mennesker heler og består

Kære Statsminister

skal vi fragte kærligheden til månen

bevare den som en truet art?

Dekonstruktion

Paradis, pasteller og grønne bede

Beder til at det blomstrer

Blomster er til for at dø i vores hjem

Hjem-ude-hjem er at finde sig selv

Selvindsigt kræver det at komme tilbage

Tilbagevendende som et bevis

Vise og markere vores værd

Være den, som giver indtryk i medmenneskerne

Med mennesker kommer vi længst

Længsel efter den eneste ene

Eneretten over en person og omvendt

Vænne andre til at elske smerten

Smertestillende stunder til grund for væren til

Tilslutter en dynamisk livsfilosofi

Filosofi spiller os ind i harmonier

Harmløst forlader vi vores spejlforførelse

Forførelseskunst af flydende orgasmer og vitaminer

Vitalitet til at lade os dekonstrueres

konstrueres til overfladen på ny

En plads til dig

Jeg har gemt en plads til dig
hvis du en dag vender tilbage

Hold mig fast
som ledningerne holder den frie gadelygte

Småt men stort

Jeg tror

min venstre

lunge bevidst

voksede sig lige så

stor som min højre

så der kun var

plads til

et lille

hjerte

Overarbejde

Det er frygteligt

hvor meget mit hjerte arbejder

En åre der springer

hjertebanken efter førstehjælp

ild

ud fra et opskåret hjerte

Der er nok noget med

at hjertet bliver ødelagt

så lys kan trænge ind

Alt du er

Du er smuk

Som havets bølger i kollision

Smagfuld som den første bid af livretten

Når vinden får alt til at danse

Når stjernerne falder under midsommer

Når din latter er ukontrollerbar

Sekunderne før dit hold sejrer

Som finalesangen i en film

Smuk når du ved, hvad du kan

Du er en engel

Hvad flygter du fra?

Jeg har altid været dårlig til præpositioner

du ved, forholdsord

generelt bare forhold

Tjek mig ud

Du skulle danse til din yndlingssang
og du dansede
med din yndling, som ikke var mig

Du når ikke ind i min sfære
om bag i køen
tjek mig ud

De får ingen strækmærker
går i forfald indeni
selvdiagnosticerende

Misbrug min loyalitet
jeg er team Judas

Hvis du intet fejler
forlad venligst rummet
jeg har mødt de værste og bedste på min vej
De lever videre inden i mig

Engel #254

Jeg tænker på alle dem, jeg kommer til at elske i fremtiden

Det er måske dig

Indtil du finder mig

passer engel #254 på dig <3

Dit liv leves i cirkler

Dit liv er cirkulært

et år, en dag, rutine, gentagelse

Du går og kommer retur

åbner og lukker, frem og tilbage

en cirkulær forestilling, en gensidig respekt

Bløde buer som triumfbuen

en cyklus, et tandhjul, grøn energi

Min mor siger, jeg har en glød efter regnen

dråberne renser al skyld bort

træd ud af cirklen

en ny bog

Paradoks

De spurgte mig, hvorfor solnedgange altid vakte min længsel

Jeg svarede, at ingen af dem var ens

de giver følelsen af at svæve på skyerne, som at synke ned i en seng af anemoner

De spurgte mig, hvorfor jeg aldrig lod mig forelske

Jeg svarede, at jeg allerede er fortabt i kærligheden på film

i de håbløst romantiske handlinger

De konstaterede, at det kun var fantasi

Jeg spurgte, hvorfor plante drømme, der ikke er til for at gro

de løfter kvinders forventninger op til stjernerne, kun for at lade mænd rive dem ned derfra

Der er tid til den stabilitet, du søger

i morgen, i fremtiden, aldrig

bare hav dig selv med

Hvad du bringer til bordet

Du holder middagsselskab.

Der er dem, du altid inviterer, der er de gamle fra barndommen. Der er nye relationer, de har markeret sig hos dig. De er her, fordi de elsker, uanset hvad du bringer til bordet.

Nogle bringer bordet til dig.

Der kan også være åbent hus. Nogle kommer før tid, nogle giver en hånd, nogle er ved bordet til alle måltider, nogle medbringer vin og skænker op til dig, nogle er der kun til desserten. Nogle kommer for sent og nogle anerkender ikke, hvad du bringer til bordet. Nogle kan ikke lide det, du præsenterer på bordet. Nogle tager kun af selskabet, nogle er på ventelisten, hvor har de hørt om dig fra?

Nogle dukker ikke op. Det er dog bedre end dem, der tager mere end de nogensinde bidrager med. Nogle foreslår espresso martini og hjælper med oprydningen. Er du stadig med mig? Hvordan har du det efter dette selskab? Du har givet meget. Bedste værtskab. Værn om bordet med dem, der giver dig energi uanset menuen. Så er du på sporet.

Velkommen og tag plads.

Hopecore

Jeg har været forelsket to gange på kort tid

ud over døgnforelskelserne

Jeg har styrtet og svævet

Jeg har følt som aldrig før

Jeg har udvidet horisonter

Jeg håbede på alt

Jeg gav alt

og tabte i spillet

hvor kan jeg dog ikke være foruden

Full speed

summen

lammelsen i benene

i trance

bølger af glæde

tredimensionelle lysglimt

er det sådan her lykke føles?

hvornår rammer jeg dysfori?

du er min afhængighed

dyrker ekstasen

min undergang og frelse

Vi er bange for at elske

det har sin pris, men holder os i live

Perfekte fremmede

Vi er ikke længere en del af hinanden

men giver små spor til

en indgangsbillet

Du var fortabt, og jeg var tom

for du hører til inden i mig

Ringer til dig

for at høre din telefonsvarer

Når jeg hører "Uden Dig" uden dig

tænker jeg på dig

På Nørrebrogade

Dine øjne er to måner, der ikke har mødt hinanden

lyser op for at vise retning

Fuldmånen lyser dit sind op, og du kan ikke sove

På Nørrebrogade søger jeg et velkendt ansigt

ser kun gråtoner og stress

Det er A-mennesker, der har lært, at the early bird gets the worm

Men vi børn af månen har spist jeres morgenmad

Vi lever, mens ingen ser på

En del af mørkets energi, os alle og ens

En skønne dag

Jeg gør det for at blive husket

Jeg gør det for at blive hyldet

Jeg gør det for os

For hvad er ægte, hvis det kun er et øjeblik?

For hvad er opmærksomhed andet end en flygtig glans?

En dag lærer du, at penge ikke er lig succes

Popularitet er ikke for evigt

Succes er målt i de øjeblikke, der skaber mening

Succes er ikke i applaus

men i de rødder, vi gror

en forståelse mellem dig og mig

Ou-topos

Der er en bygning, vi passerer

som vi kalder fred

Den er nedslidt og forladt

Men der har vi hjemme

Vi tager et stykke med og giver den ro

Yndlingssmag

Smagen af frihed

Frihed er at være

Frihed er dig og mig i en bil

uden en destination

Vigtigste opskrift

Jeg udfylder mit hule hjerte med smukke oder
og forsørgende melodier

200 g. orddannelser
150 g. tikkende takter

Hjertet begynder at pumpe i takt med symfonien
Det er opskriften på et genopstået hjerte

Jeg vil elske mig selv tirsdag.

Disse ord er ikke længere kun mine.

Kærligheden er en menneskelig rejse, vi deler.